Test de Pratique TAFC

Avis de Droit D'auteur

Droit d'auteur © 2013, Complete Test Preparation Inc., TOUS DROITS RÉSERVÉS. Aucune partie de cette publication ne doit être reproduite ou transmise sous aucune forme ni par aucun moyen électronique ou mécanique que ce soit, y compris la photocopie, l'enregistrement ou tout autre mode de stockage ou de consultation des informations, sans obtenir au préalable l'autorisation écrite de l'auteur.

Avis : Complete Test Preparation Inc. ne ménage aucun effort raisonnable pour obtenir auprès de sources fiables des renseignements exacts, complets et en temps opportun sur les tests dont il est question dans cet ouvrage. Néanmoins, des changements peuvent être apportés aux tests ou à l'administration des tests à tout moment et Complete Test Preparation Inc. n'offre aucune autre forme de garantie, explicite ou implicite, quant à l'exactitude des informations ou des recommandations qui y sont présentées. Complete Test Preparation Inc. n'offre aucune autre forme de garantie, explicite ou implicite, quant à l'exhaustivité, l'exactitude, la fiabilité, l'à-propos ou la disponibilité des renseignements que contient le présent document à une fin quelconque. Ainsi, la confiance que vous accordez à ces renseignements est donc strictement à vos propres risques.

L'auteur décline toute responsabilité au titre des pertes essuyées à cause de l'utilisation et de l'application, directement ou indirectement, des renseignements présentés dans cet ouvrage. Il est convenu que la vente de cette publication n'entraîne aucune obligation de la part de l'auteur à fournir des services ou des conseils professionnels. En cas de besoin de conseils ou d'aide spécialisée, il faut alors faire appel aux services d'un professionnel compétent.

Les noms de compagnie, de produit et de service utilisés dans cet ouvrage sont uniquement à des fins d'identification. Toutes les autres marques ou noms de produit sont la propriété de leurs titulaires légitimes. *Blue* Complete Test Preparation Inc. n'est affiliée à aucun établissement d'enseignement.

Nous recommandons vivement aux stagiaires de vérifier auprès des administrateurs de ce test les renseignements à jour sur son contenu.

ISBN: 9781772452372

Version 7.0 February 2018

Rendez-nous visite sur le Web à l'adresse http://www.test-preparation.ca Imprimé aux États-Unis

Complete Test Preparation Inc.

Complete Test Preparation Inc. publie du matériel d'étude de haute qualité depuis 2005. Des milliers d'étudiants visitent nos sites chaque année, et des milliers d'étudiants, enseignants et parents partout dans le monde ont achetés nos matériels d'enseignement, programmes, guides d'étude et tests de pratique.

Complete Test Preperation Inc. est engagé à fournir aux étudiants le meilleur matériel d'étude et tests de pratique disponibles sur le marché. Les membres de notre équipe combinent des années d'expérience en enseignement, avec des écrivains et des éditeurs expérimentés, tous titulaires de diplômes d'études supérieures.

Table des Matières

- **6** Introduction
- **8** Test de Pratique 1
  - Feuille de Réponses 33
- **42** Test de Pratique 2
  - Feuille de Réponses 67
- **75** Conclusion

Introduction

FÉLICITATIONS! En décidant d'effectuer le test d'aptitude des Forces canadiennes (TAFC), vous avez fait le premier pas vers un avenir prometteur! Bien entendu, il est parfaitement inutile de faire cet examen important sauf si vous faites de votre mieux pour obtenir la note maximale à la mesure de vos moyens. Cela veut dire que vous devez vous organiser et découvrir les meilleures démarches, méthodes et stratégies pour maîtriser ce que vous apprenez. Bien sûr, cela exigera de votre part de véritables efforts et un grand dévouement, mais si vous êtes désireux d'y consacrer toute votre énergie et le temps nécessaire, avant même que vous ne le sachiez, vous allez ouvrir cette lettre d'acceptation pour la spécialité de vos rêves dans les forces armées.

Nous savons bien sûr qu'un nouveau projet peut avoir quelque chose d'effrayant, et il est facile de ne pas être absolument certain par où commencer. C'est précisément là où nous pouvons vous être utiles. Ce guide d'étude est conçu pour vous aider à améliorer vos compétences, pour vous faire découvrir quelques-unes des ficelles du métier et pour enrichir à la fois vos compétences et votre confiance.

Le Test D'aptitude des Forces Armées Canadiennes

Le TAFC comporte trois parties, les compétences verbales, notamment le vocabulaire de base et les analogies verbales, les aptitudes spatiales, où on vous demande de reconnaître des formes et des motifs, et la résolution de problèmes, ce qui comporte des problèmes de vocabulaire (raisonnement arithmétique), des suites de mots et des problèmes non verbaux, où l'on vous demande de reconnaître des formes après une certaine transformation, par exemple une rotation.

Même si nous nous sommes efforcés de rendre ce guide aussi détaillé que possible, vous constaterez qu'à l'instar de tous les examens d'admission, le TAFC pourrait être modifié à l'avenir. De nouveaux éléments pourront y être ajoutés, où l'on pourra en supprimer le contenu qui n'a plus d'utilité ni d'application. Il est toujours judicieux d'examiner attentivement le document que vous recevez au moment de vous inscrire pour faire le TAFC.

Test de Pratique 1

LA PORTION DU TEST DE PRATIQUE PRÉSENTE DES QUESTIONS REPRÉSENTATIVES DES TYPES DE QUESTIONS QUE VOUS POUVEZ VOUS ATTENDRE À TROUVER DANS LE TAFC. Les questions ci-dessous ne sont pas les mêmes que celles que vous trouverez dans le TAFC – cela serait trop facile! Et personne ne sait quelles seront les questions, car elles changent sans cesse. Vous trouverez ci-dessous des questions générales qui traitent des mêmes éléments que le TAFC. Ainsi, même si la présentation et le libellé exact des questions peuvent légèrement différer, et changer d'une année à l'autre, si vous arrivez à répondre aux questions ci-après, vous n'aurez aucun problème avec le TAFC.

Pour obtenir les meilleurs résultats, prenez les questions du test de pratique comme s'il s'agissait de l'examen réel. Réservez du temps quand vous savez que vous ne serez pas dérangé et un endroit tranquille exempt de distractions. Lisez attentivement les instructions, lisez soigneusement chaque question et répondez du mieux que vous pouvez.

Utilisez les feuilles de réponses fournies. Lorsque vous aurez répondu à toutes les questions du test de pratique, vérifiez vos réponses par rapport aux réponses et lisez les explications fournies.

Feuille de Réponses - Compétences Verbales

	A	B	C	D	E		A	B	C	D	E
1	○	○	○	○	○	21	○	○	○	○	○
2	○	○	○	○	○	22	○	○	○	○	○
3	○	○	○	○	○	23	○	○	○	○	○
4	○	○	○	○	○	24	○	○	○	○	○
5	○	○	○	○	○	25	○	○	○	○	○
6	○	○	○	○	○	26	○	○	○	○	○
7	○	○	○	○	○	27	○	○	○	○	○
8	○	○	○	○	○	28	○	○	○	○	○
9	○	○	○	○	○	29	○	○	○	○	○
10	○	○	○	○	○	30	○	○	○	○	○
11	○	○	○	○	○						
12	○	○	○	○	○						
13	○	○	○	○	○						
14	○	○	○	○	○						
15	○	○	○	○	○						
16	○	○	○	○	○						
17	○	○	○	○	○						
18	○	○	○	○	○						
19	○	○	○	○	○						
20	○	○	○	○	○						

Feuille de Réponses - D'aptitudes Spatiales

	A	B	C	D
1	○	○	○	○
2	○	○	○	○
3	○	○	○	○
4	○	○	○	○
5	○	○	○	○
6	○	○	○	○
7	○	○	○	○
8	○	○	○	○
9	○	○	○	○
10	○	○	○	○
11	○	○	○	○
12	○	○	○	○
13	○	○	○	○
14	○	○	○	○
15	○	○	○	○

Feuille de Réponses – Résolution de Problèmes

	A	B	C	D	E		A	B	C	D	E
1	○	○	○	○	○	21	○	○	○	○	○
2	○	○	○	○	○	22	○	○	○	○	○
3	○	○	○	○	○	23	○	○	○	○	○
4	○	○	○	○	○	24	○	○	○	○	○
5	○	○	○	○	○	25	○	○	○	○	○
6	○	○	○	○	○	26	○	○	○	○	○
7	○	○	○	○	○	27	○	○	○	○	○
8	○	○	○	○	○	28	○	○	○	○	○
9	○	○	○	○	○	29	○	○	○	○	○
10	○	○	○	○	○	30	○	○	○	○	○
11	○	○	○	○	○						
12	○	○	○	○	○						
13	○	○	○	○	○						
14	○	○	○	○	○						
15	○	○	○	○	○						
16	○	○	○	○	○						
17	○	○	○	○	○						
18	○	○	○	○	○						
19	○	○	○	○	○						
20	○	○	○	○	○						

1. **SUCCULENT est synonyme de**

    a. ennuyeux
    b. aventurier
    c. sucré
    d. savoureux

2. **EXPLIQUER est synonyme de**

    a. décider
    b. concevoir
    c. interpréter
    d. examiner

3. **GRÉGAIRE est synonyme de**

    a. triste
    b. sociable
    c. aimant
    d. drôle

4. **HÉSITANT est synonyme de**

    a. désireux
    b. contestable
    c. impatient
    d. heureux

5. **LUCIDE est synonyme de**

    a. sombre
    b. clair
    c. mémorable
    d. facile

6. PARTICULIER est synonyme de

    a. nouveau
    b. étrange
    c. Imaginatif
    d. drôle

7. VIVANT est synonyme de

    a. séduisant
    b. abondant
    c. varié
    d. vif

8. APPARENCE est synonyme de

    a. personnalité
    b. aspect
    c. attitude
    d. ambition

9. CONFUS est le contraire de

    a. contrarié
    b. honteux
    c. éclairé
    d. inconnu

10. COLLABORATION est le contraire de

    a. sans coordination
    b. coordination
    c. combinaison
    d. encouragement

11. ILLICITE est le contraire de

    a. illégal
    b. légal
    c. anonyme
    d. trompeur

12. STÉRILE est le contraire de

    a. sale
    b. alcoolique
    c. ivre
    d. drogué

13. MYRIADE est le contraire de

    a. nombreux
    b. plusieurs
    c. quelques
    d. plein

14. PESSIMISTE est le contraire de

    a. optimiste
    b. jovial
    c. joyeux
    d. délibéré

15. PLACIDE est le contraire de

    a. chaotique
    b. confus
    c. Paisible
    d. silencieux

16. ROBUSTE est le contraire de

    a. fort
    b. gentil
    c. rude
    d. fragile

17. IMPORTUN signifie

    a. trouver une occasion
    b. demander tout le temps
    c. ne pas trouver d'occasion
    d. rien de ce qui précède

18. VOLATILE signifie

    a. non explosif
    b. prend feu facilement
    c. ne prend pas feu
    d. explosif

19. TRISTE signifie

    a. heureux
    b. mélancolique
    c. fragile
    d. simple

20. LIEN signifie

    a. une liaison
    b. un commutateur téléphonique
    c. une pièce d'ordinateur
    d. rien de ce qui précède

21. INHÉRENT signifie

    a. recevoir de l'argent dans un testament
    b. une partie indispensable de
    c. recevoir de l'argent d'un testament
    d. rien de ce qui précède

22. MALADROIT signifie

    a. vite
    b. rapide
    c. lent
    d. violent

23. GRÉGAIRE signifie

    a. sociable
    b. introverti
    c. grand
    d. solitaire

24. Un NID est à un OISEAU ce qu'une GROTTE est à

    a. un ours
    b. un pétale
    c. une maison
    d. un chien

25. Un PROFESSEUR est à une ÉCOLE ce qu'une SERVEUSE est à

    a. un bureau
    b. une cafétéria
    c. un client
    d. un élève

26. Un GALET est à un ROC ce qu'une MARRE est à

    a. un océan
    b. un cours d'eau
    c. une goutte
    d. des rapides

27. Un CANICHE est à un CHIEN ce qu'un REQUIN est à

    a. un grand requin blanc
    b. un dauphin
    c. une baleine
    d. un poisson

28. Un RENARD est à un POULET ce qu'un CHAT est à

    a. un lapin
    b. une souris
    c. un chat
    d. une poule

29. Un AVOCAT est à un PROCÈS ce qu'un MÉDECIN est à

    a. un patient
    b. un homme d'affaires
    c. une opération
    d. une infirmière

30. Le GRAS est à un REPAS ce que la RESPIRATION est à

   a. l'inhalation
   b. la vie
   c. une boisson
   d. la parole

Partie II – Aptitudes spatiales (AS)

1. Une fois plié, quelle figure est possible?

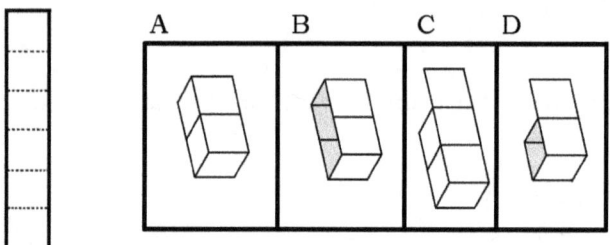

2. Une fois plié, quel motif est possible?

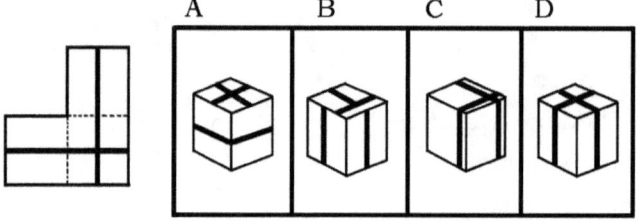

3. Une fois replié en boucle, à quoi ressemblera la bande de papier?

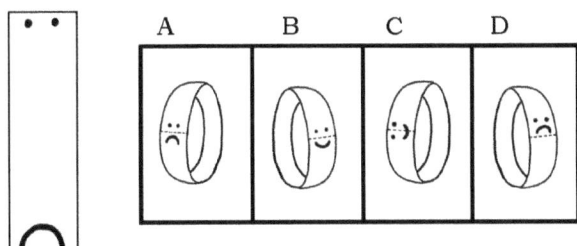

4. Parmi les choix suivants, quel est le même motif vu sous un angle différent?

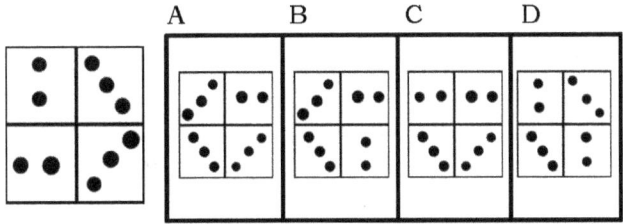

5. Une fois replié le long des lignes pointillées, quelle figure obtiendrez-vous?

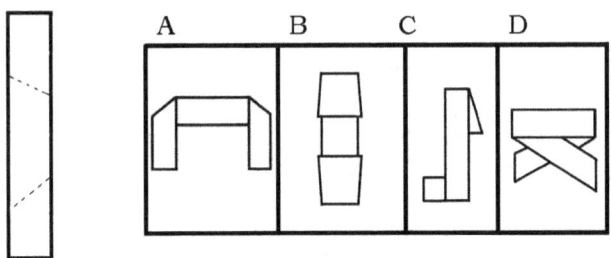

6. Une fois replié, quel motif est possible?

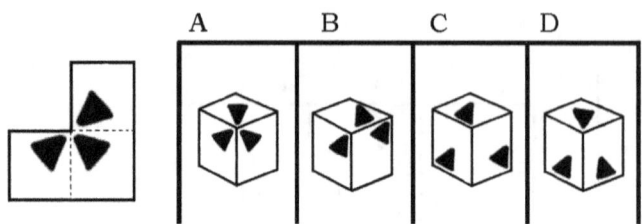

7. Une fois replié en boucle, à quoi ressemblera la bande de papier?

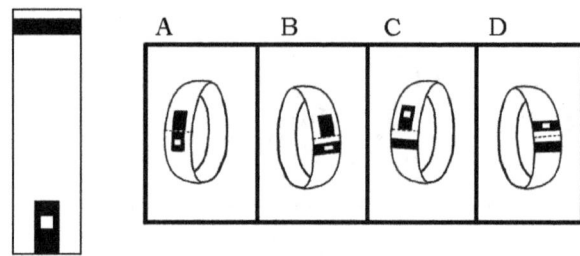

8. Parmi les choix suivants, quel est le même motif vu sous un angle différent?

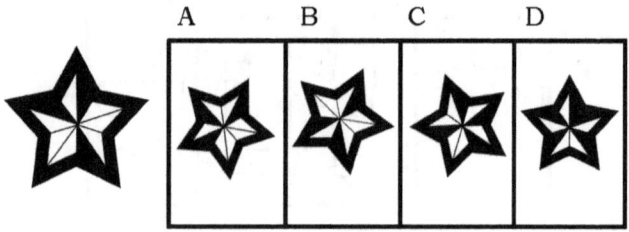

9. Une fois replié le long de la ligne pointillée, quelle figure obtiendrez-vous?

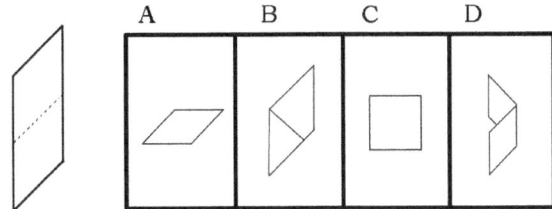

10. Une fois replié, quel motif est possible?

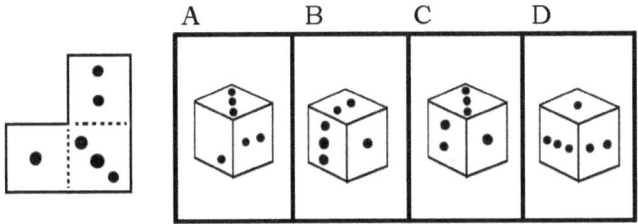

11. Une fois replié, quel motif est possible?

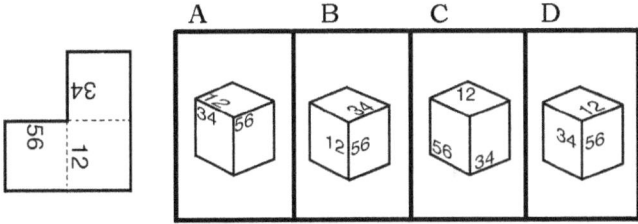

12. Une fois replié en boucle, à quoi ressemblera la bande de papier?

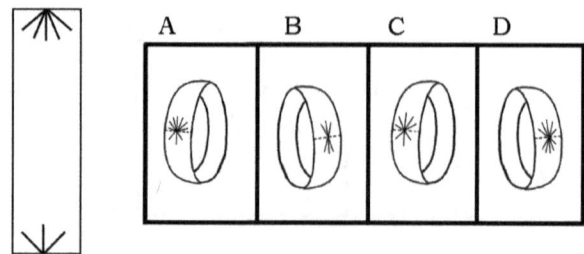

13. Parmi les choix suivants, quel est le même motif vu sous un angle différent?

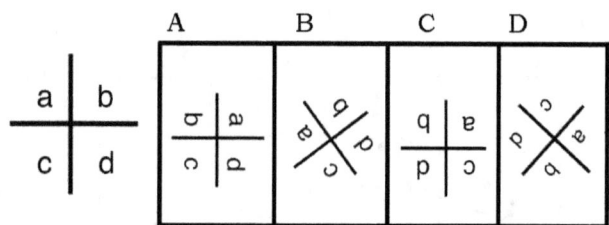

14. Une fois replié, quel motif est possible?

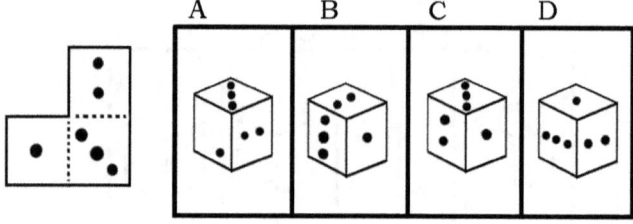

15. Parmi les choix suivants, quel est le même motif vu sous un angle différent?

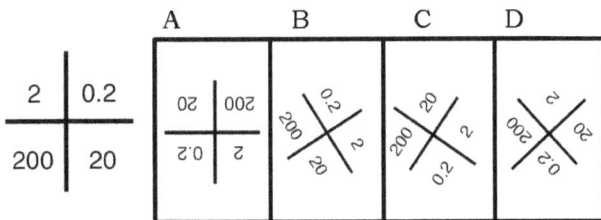

Section III – Résolution de Problèmes

1. Quel sera le prochain nombre dans la suite suivante? 25, 33, 41, 49, ...

    a. 51
    b. 55
    c. 59
    d. 57

2. Quel sera le prochain nombre dans la suite suivante? 6, 11, 18, 27, ...

    a. 38
    b. 35
    c. 29
    d. 30

3. Examinez le rapport entre les nombres de la boîte A et ceux de la boîte B. Quel est le nombre manquant dans la boîte B?

Boîte A

6	3
9	5

Boîte B

36	?
81	25

    a. 49
    b. 51
    c. 9
    d. 12

4. Quel sera le prochain nombre dans la suite suivante? 13, 26, 52, 104, ...

    a. 208
    b. 106
    c. 200
    d. 400

5. Quel sera le prochain nombre dans la suite suivante? 32, 26, 20, 14, ...

    a. 12
    b. 19
    c. 10
    d. 8

6. Quel est le nombre manquant dans la suite suivante? 12, 4, 16, ..., 36.

    a. 18
    b. 22
    c. 20
    d. 30

7. Quel est le nombre manquant dans la suite suivante? 3, 9, 27, ..., 243.

    a. 30
    b. 39
    c. 18
    d. 81

8. Quel sera le prochain nombre dans la suite suivante? 6, 12, 24, 48, ...

    a. 48
    b. 64
    c. 60
    d. 96

9. Quel sera le prochain nombre dans la suite suivante? 5, 6, 11, 17, ...

    a. 28
    b. 34
    c. 36
    d. 27

10. Quel est le nombre manquant dans la suite suivante? 26, 21, ..., 11, 6.

    a. 7
    b. 23
    c. 16
    d. 29

11. Un panier contient 15 balles jaunes et 35 balles orange. Combien de balles jaunes faut-il ajouter pour qu'elles représentent 65 % du total?

    a. 50
    b. 35
    c. 65
    d. 70

12. Un rectangle est deux fois plus long que large, et son aire est la même que celle d'un carré de 12 cm de côté. Combien mesure le périmètre du rectangle, à l'unité près?

    a. 51 cm
    b. 36 cm
    c. 46 cm
    d. 56 cm.

13. Un distributeur a acheté 550 kg de pommes de terre pour 165 $. Il en a vendu à 6,4 $ pour 20 kg à 15 commerçants et à 3,4 $ pour 10 kg à 12 commerçants. Il a vendu son stock restant à 1,8 $ pour 5 kg. Si ses coûts de distribution représentent 10 $, quel profit réalisera-t-il?

    a. 8,60 $

    b. 24,60 $

    c. 14,90 $

    d. 23,40 $

14. Cinq hommes doivent se partager équitablement une cargaison de 10 kg et 550 g. Quel poids devra porter chacun des hommes? 1 kg = 1 000 g

    a. 900 g

    b. 1,5 kg

    c. 3 kg

    d. 2 kg et 110 g

15. Un travailleur a reçu une augmentation de 30 % de son salaire hebdomadaire. S'il gagne maintenant 150 $ par semaine, combien gagnait-il avant?

    a. 120 $

    b. 99.15 $

    c. 109 $

    d. 115.4 $

16. Quel est le salaire de M. Johnson, compte tenu du fait qu'il en donne la moitié à sa famille, qu'il paie son loyer de 250 $ et qu'il lui en reste encore exactement les 3/7?

    a. 3,600 $

    b. 2,800 $

    c. 1,750 $

    d. 3,500 $

17. Samuel et Simon jouent à un jeu de cartes. Samuel gagne quand une carte pigée dans un paquet de 52 cartes est un 7 ou une carte de carreau, et Simon gagne quand la carte pigée est paire. Quel énoncé est le plus probablement vrai?

    a. Simon gagnera le plus de parties

    b. Samuel gagnera le plus de parties

    c. Simon et Samuel ont des chances égales de gagner

    d. Il est impossible de savoir qui a l'avantage d'après les données fournies

18. M. Leblanc veut recouvrir de tuiles sa cour arrière, qui mesure 16 m par 11 m. Chaque tuile mesure 7 cm par 4 cm. Si une tuile coûte 0,30 $ et que 2,5 % des tuiles se brisent pendant les travaux, quel sera le coût du projet?

    a. 18,857 $

    b. 19,328 $

    c. 20,895 $

    d. 21,563 $

19. Une carte est à l'échelle 1:2 000. Quelle distance réelle représentent 5,2 po sur la carte si l'échelle est en pouces?

    a. 100,400
    b. 10,500
    c. 10,400
    d. 10,400

20. Quelle distance parcourra en 12 secondes un train qui se déplace à 72 km/h?

    a. 200 mètres
    b. 220 mètres
    c. 240 mètres
    d. 260 mètres

21. Antoine a acheté 15 douzaines d'œufs pour 80 $. Seize des œufs se sont brisés pendant le transport. Il a vendu les œufs restants à 0,54 $ chacun. Quelle est la marge de profit d'Antoine en pourcentage? Calculer la réponse à 2 décimales près.

    a. 11%
    b. 11.20%
    c. 11.50%
    d. 12%

22.

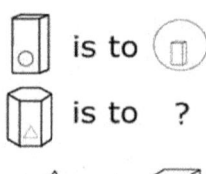

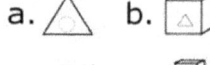

23.

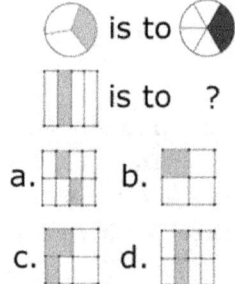

24.

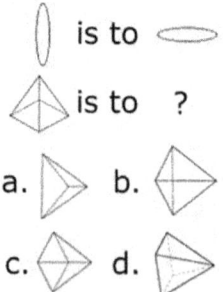

25.

[square with 3 dots] is to [hexagon]

[square with 3 dots] is to ?

a. [pentagon] b. [heptagon]

c. [square] d. [triangle]

26.

[square] is to [square with dot]

[triangle] is to ?

a. [pentagon with dot] b. [triangle with 3 dots]

c. [triangle with dot] d. [hexagon with dot]

27.

[square] is to [square][pentagon]

[pentagon] is to ?

a. [pentagon][circle] b. [square][circle]

c. [pentagon][circle] d. [circle][circle]

28.

⌷ is to ◿

⊔ is to ?

a. ◠   b. ◁

c. ⊔   d. ◿

29.

▢ is to ⌉

⬠ is to ?

a. ⟩   b. ⟩

c. ⟩   d. ⌉

30.

☐ is to ⌉

⬠ is to ?

a. ⟩   b. ⟩

c. ⟩   d. ⌉

Feuille de Réponses

1. D
Succulent signifie la même chose que savoureux.

2. C
Expliquer signifie la même chose qu'interpréter.

3. B
Grégaire signifie la même chose que sociable.

4. B
Hésitant signifie la même chose que contestable.

5. B
Lucide signifie la même chose que clair.

6. B
Particulier signifie la même chose qu'étrange.

7. D
Vivant signifie la même chose que vif.

8. B
Apparence signifie la même chose qu'aspect.

9. C
Confus est le contraire d'éclairé.

10. A
Collaboration est le contraire de sans coordination.

11. B
Illicite est le contraire de légal.

12. A
Stérile est le contraire de sale.

13. C
Myriade est le contraire de quelques.

14. A
Pessimiste est le contraire d'optimiste.

15. A
Placide est le contraire de chaotique.

16. D
Robuste est le contraire de fragile.

17. B
Importun : harceler par des demandes persistantes.

18. D
Volatile : Explosif.

19. B
Triste : chagriné, endeuillé ou mélancolique.

20. A
Lien : une liaison.

21. B
Inhérent : fait naturellement partie de quelque chose ou en est la conséquence ou une partie indispensable.

22. C
Maladroit : paresse, léthargie ou apathie.

23. A
Grégaire : décrit quelqu'un qui aime être au milieu d'une foule et socialiser.

24. A
Il s'agit d'un rapport fonctionnel. Un oiseau vit dans un nid, tout comme un ours vit dans une grotte.

25. B
Il s'agit d'un rapport fonctionnel. Un professeur travaille dans une école tout comme une serveuse dans une cafétéria.

26. A
Il s'agit d'un rapport de degré. Un roc est un très gros galet – les deux sont des roches, tout comme un océan est une énorme mare, les deux sont des plans d'eau.

27. A
Il s'agit d'un rapport de type. Un caniche est un type de

chien tout comme un grand requin blanc est un type de requin.

28. B
Il s'agit d'une relation de prédateur à proie. Les renards mangent les poulets tout comme les chats mangent les souris.

29. C
Il s'agit d'un rapport fonctionnel. Un avocat défend un client dans un procès tout comme un médecin procède à une intervention sur un patient.

30. B
Il s'agit d'un rapport de cause à effet. Il faut manger pour devenir gros, tout comme il faut respirer pour vivre.

Aptitudes Spatiales

1. B
2. D
3. B
4. B
5. A
6. A
7. C
8. B
9. D
10. C
11. D
12. C
13. D
14. C
15. A

Résolution de Problèmes

1. D
Chaque terme est obtenu en ajoutant 8 au terme précédent.

2. A
L'écart entre les termes commence à 5, et augmente de 2 à chaque fois.

6, [+5] 11, [+7] 18, [+9] 27 [+11] **38**

3. C
Les nombres de la boîte B correspondent au carré des nombres de la boîte A.

4. A
Chaque terme est le double du précédent.

5. D
Chaque terme correspond au précédent moins 6.

6. C
Chaque terme est la somme des deux termes précédents.

7. D
Chaque terme est le triple du précédent.

8. D
Chaque terme est le double du précédent.

9. A
Chaque terme est la somme des deux termes précédents.

10. C
Chaque terme correspond au précédent moins 5.

11. A
Il y a 50 balles dans le panier. Soit x, le nombre de balles jaunes à ajouter pour qu'elles représentent 65 % du total. L'équation est ((X + 15)/X)] + 50 = 65/100. X = 50.

12. A
L'aire du carré = 12 × 12 = 144 cm². Soit x, la largeur du rectangle. La longueur est donc 2x. L'aire du rectangle correspond à $2x^2$ et le périmètre à 2(2x + x) = 6x. Sachant que $2x^2$ = 144, on trouve x = 8,48 cm. Le périmètre correspond à 6 × 8,48 = 50,88 = 51 cm.

13. A
Les pommes de terre sont distribuées en trois différentes quantités, à trois différents prix :

6,4 $ pour 20 kg dans 15 commerces signifie que 20•15 = 300 kg ont été distribués.

3.4 $ pour 20 kg dans 12 commerces signifie que 10•12 = 120 kg ont été distribués.

550 − (300 + 120) = 550 − 420 = 130 kg restants. Cette quantité est distribuée en portions de 5 kg, donc dans 130/5 = 26 commerces.

1,8 $ pour 130 kg.

Il faut trouver les recettes récoltées pour l'ensemble de ces ventes.

6,4 $ par portion de 20 kg : 6,4•15 = 96 $ pour 300 kg

3,4 $ par portion de 10 kg : 3,4•12 = 40,8 $ pour 120 kg

1,8 $ par portion de 5 kg : 1,8•26 = 46,8 $ pour 130 kg

Donc, le distributeur a récolté 96 + 40,8 + 46,8 = 183,6 $

Les frais de distribution ont représenté 10 $ au total. Le profit réalisé correspond aux recettes touchées − l'argent dépensé. Important : il ne faut pas oublier qu'il a acheté les pommes de terre pour 165 $ au début!

Profit = 183.6 − 10 − 165 = 8.6 $

14. D
Il faut commencer par convertir toutes les unités en grammes. Comme 1 000 g = 1 kg :

10 kg et 550 g = 10 x 1 000 g + 550 g = 10,000 g + 550 g = 10,550 g.

Les 10 550 g sont répartis entre 5 hommes. Chaque homme devra donc transporter 10 550/5 = 2 110 g. 2,110 g = 2,000 g + 110 g = 2 kg et 110 g

15. D
Si l'ancien salaire = x, alors 150 $ = x + 0,30x; 150 = 1x + 0,30x; 150 = 1,30x, x = 150/1.30 = 115.3846 = 115.38 = 115.4

16. D
Passons en revue les fractions mentionnées dans la question. Il est question d'une moitié (1/2) et de 3/7. Multiplions ensemble les dénominateurs de ces fractions pour décider de la fraction à utiliser pour décrire l'ensemble de l'argent. Nous savons que M. Johnson a 14x au commencement. Il en donne ensuite la moitié à sa famille, donc 7x. Il donne ensuite 250 $ à son propriétaire et il lui reste 3/7 de l'argent. 3/7 de 14x égale :

14x•(3/7) = 6x

Par conséquent :

L'argent dépensé représente 7x + 250.

L'argent restant représente 6x.

La somme initiale complète représente 14x.

Nous voulons l'équation suivante : somme initiale = argent dépensé + argent restant.

14x = 7x + 250 + 6x

14x − 7x − 6x = 250

x = 250

On nous demande de donner la somme d'argent initiale, soit 14 x :

14x = 14 • 250 = 3,500 $

17. A
Il y a 52 cartes au total. Sur les 52 cartes, 16 feraient gagner Samuel. Sa probabilité de réussite dans une partie est donc de 16/52. Quant à Simon, 20 cartes lui permettent de gagner, sa probabilité de réussite est donc de 20/52. Simon a les meilleures chances de gagner.

18. B
Chaque tuile mesure 7 cm x 4 cm = 28 cm². La cour mesure 16 m x 11 m = 176 m² = 1 760 000 cm².
Le nombre de tuiles nécessaires équivaut à
1 760 000/28 = 62 857. Comme 2,5 % des tuiles se brisent pendant les travaux, 1,025 x 62,857 = 64,429. Le coût total est de 64,429 x 0,3 = 19,328 $.

19. C
1 po sur la carte représente 2,000 po dans la réalité. Donc 5.2 po sur la carte représentent 5.2 • 2,000 = 10,400 po.

20. C
Une heure compte 3,600 secondes et un kilomètre, 1 000 mètres.

Comme le train se déplace à 72 km/h, il parcourt 72,000 mètres en 3,600 secondes.

Si le train parcourt 72,000 m en 3,600 s, <u>il parcourt x mètres en 12 secondes</u>.

Par multiplication croisée, on obtient :

x = 72,000 • 12 / 3 600 x = 240 mètres.

21. A
Commençons par noter l'argent dépensé par Antoine : 80 $.

Il faut maintenant déterminer l'argent qu'il a gagné :

Il avait 15 douzaines d'œufs = 15•12 = 180 œufs.
16 d'entre eux se sont brisés. Par conséquent :

Nombre d'œufs restants vendus par
Antoine = 180 − 16 = 164.

Recettes réalisées grâce à la vente des
164 œufs = 164•0.54 = 88.56 $.

En résumé, il a dépensé 80 $ et il a gagné 88.56 $.

Le profit est la différence entre les deux :
88.56 − 80 = 8.56 $

Pour trouver le pourcentage de profit, il faut comparer le profit à l'argent dépensé :

8.56 • 100/80 = 10.7 %

Il ne reste qu'à arrondir au nombre entier le plus près : 11 %.

22. C
Le contenant et le contenu échangent leurs places.

23. D
Les parts sont divisées en deux dans la deuxième figure.

24. D
La figure subit une rotation de 90 °en sens horaire.

25. B
Le nombre de points est égal à la moitié du nombre de côtés de la deuxième figure.

26. C
La deuxième figure correspond à la première dans laquelle un point a été ajouté.

27. A
La solution est la première figure en plus petit, et une autre figure comptant un côté de plus.

28. B
La solution correspond à la moitié inférieure de la figure à trois dimensions correspondante.

29. C
La solution correspond à la moitié droite de la première figure.

30. B
La solution correspond à la moitié droite de la première figure.

Test de Pratique 2

LA PORTION DU TEST DE PRATIQUE PRÉSENTE DES QUESTIONS REPRÉSENTATIVES DES TYPES DE QUESTIONS QUE VOUS POUVEZ VOUS ATTENDRE À TROUVER DANS LE TAFC. Les questions ci-dessous ne sont pas les mêmes que celles que vous trouverez dans le TAFC – cela serait trop facile! Et personne ne sait quelles seront les questions, car elles changent sans cesse. Vous trouverez ci-dessous des questions générales qui traitent des mêmes éléments que le TAFC. Ainsi, même si la présentation et le libellé exact des questions peuvent légèrement différer, et changer d'une année à l'autre, si vous arrivez à répondre aux questions ci-après, vous n'aurez aucun problème avec le TAFC.

Pour obtenir les meilleurs résultats, prenez les questions du test de pratique comme s'il s'agissait de l'examen réel. Réservez du temps quand vous savez que vous ne serez pas dérangé et un endroit tranquille exempt de distractions. Lisez attentivement les instructions, lisez soigneusement chaque question et répondez du mieux que vous pouvez.

Utilisez les feuilles de réponses fournies. Lorsque vous aurez répondu à toutes les questions du test d'essai, vérifiez vos réponses par rapport aux réponses et lisez les explications fournies.

Feuille de Réponses - Compétences Verbales

	A	B	C	D	E		A	B	C	D	E
1	○	○	○	○	○	21	○	○	○	○	○
2	○	○	○	○	○	22	○	○	○	○	○
3	○	○	○	○	○	23	○	○	○	○	○
4	○	○	○	○	○	24	○	○	○	○	○
5	○	○	○	○	○	25	○	○	○	○	○
6	○	○	○	○	○	26	○	○	○	○	○
7	○	○	○	○	○	27	○	○	○	○	○
8	○	○	○	○	○	28	○	○	○	○	○
9	○	○	○	○	○	29	○	○	○	○	○
10	○	○	○	○	○	30	○	○	○	○	○
11	○	○	○	○	○						
12	○	○	○	○	○						
13	○	○	○	○	○						
14	○	○	○	○	○						
15	○	○	○	○	○						
16	○	○	○	○	○						
17	○	○	○	○	○						
18	○	○	○	○	○						
19	○	○	○	○	○						
20	○	○	○	○	○						

Feuille de Réponses - D'aptitudes Spatiales

	A	B	C	D
1	○	○	○	○
2	○	○	○	○
3	○	○	○	○
4	○	○	○	○
5	○	○	○	○
6	○	○	○	○
7	○	○	○	○
8	○	○	○	○
9	○	○	○	○
10	○	○	○	○
11	○	○	○	○
12	○	○	○	○
13	○	○	○	○
14	○	○	○	○
15	○	○	○	○

Feuille de Réponses – Résolution de Problèmes

	A	B	C	D	E		A	B	C	D	E
1	○	○	○	○	○	21	○	○	○	○	○
2	○	○	○	○	○	22	○	○	○	○	○
3	○	○	○	○	○	23	○	○	○	○	○
4	○	○	○	○	○	24	○	○	○	○	○
5	○	○	○	○	○	25	○	○	○	○	○
6	○	○	○	○	○	26	○	○	○	○	○
7	○	○	○	○	○	27	○	○	○	○	○
8	○	○	○	○	○	28	○	○	○	○	○
9	○	○	○	○	○	29	○	○	○	○	○
10	○	○	○	○	○	30	○	○	○	○	○
11	○	○	○	○	○						
12	○	○	○	○	○						
13	○	○	○	○	○						
14	○	○	○	○	○						
15	○	○	○	○	○						
16	○	○	○	○	○						
17	○	○	○	○	○						
18	○	○	○	○	○						
19	○	○	○	○	○						
20	○	○	○	○	○						

Partie I – Compétences Verbales (CV)

1. JARGON est synonyme de

    a. argot
    b. calomnie
    c. plagiat
    d. périmé

2. RENDRE est synonyme de

    a. donner
    b. reconnaître
    c. provenir
    d. ajuster

3. INTRUSIF est synonyme de

    a. privé
    b. envahissant
    c. mystérieux
    d. unique

4. RENOMMÉ est synonyme de

    a. populaire
    b. sûr
    c. timide
    d. réduction

5. INCOHÉRENT est synonyme de

    a. ambigu
    b. léger
    c. confus
    d. malin

6. SYMPATHIQUE est synonyme de

    a. agréable
    b. déformé
    c. précieux
    d. responsable

7. RÉPRIMANDE est synonyme de

    a. critique
    b. tacite
    c. principe
    d. territoire

8. ASSOUVIR est synonyme de

    a. insuffisant
    b. satisfaire
    c. manquant
    d. spectateur

9. ABONDANT est le contraire de

    a. rare
    b. beaucoup
    c. analyse
    d. intrusif

10. DUR est le contraire de

    a. abusif

    b. grégaire

    c. faible

    d. massif

11. SIMPLE est le contraire de

    a. complexe

    b. ordinaire

    c. timide

    d. dynamique

12. AFFICHER est le contraire de

    a. élever

    b. dissimuler

    c. stigmatiser

    d. contester

13. PINGRE est le contraire de

    a. serré

    b. offensif

    c. moyen

    d. généreux

14. AVANCER est le contraire de

    a. nouveau

    b. battre en retraite

    c. suivant

    d. suivi

15. CESSER est le contraire de

    a. mettre fin

    b. au milieu

    c. retarder

    d. commencer

16. IMMENSE est le contraire de

    a. rare

    b. honneur

    c. minuscule

    d. bruyant

17. REDONDANT signifie

    a. relève

    b. répétition nécessaire

    c. répétition inutile

    d. pas de répétition

18. SE QUERELLER signifie

    a. bavarder

    b. discuter

    c. se chicaner

    d. débattre

19. SOMBRE signifie

    a. gothique

    b. noir

    c. lugubre

    d. méchant

20. NON CONFORMISTE signifie

   a. rebelle
   b. conformiste
   c. non conventionnel
   d. conventionnel

21. TÉNU signifie

   a. fort
   b. tendu
   c. ferme
   d. faible

22. Désastre signifie

   a. chaos
   b. ordonné
   c. tranquille
   d. bruyant

23. Perpétuel signifie

   a. continu
   b. lent
   c. échelonné sur une très longue durée
   d. mouvement

24. FONDRE est à un LIQUIDE ce que GELER est à

   a. la glace
   b. la condensation
   c. un solide
   d. la vapeur

25. L'HORLOGE est à L'HEURE ce que le THERMOMÈTRE est à

    a. à la chaleur
    b. au rayonnement
    c. à l'énergie
    d. à la température

26. UNE VOITURE est à un GARAGE ce qu'un AVION est à

    a. un dépôt
    b. un port
    c. un hangar
    d. un havre

27. JOUER au théâtre est à ce que JOUER AU JEU est à

    a. un gymnase
    b. un bar
    c. un club
    d. un casino

28. Le PORC est au COCHON ce que le BŒUF est à

    a. un troupeau
    b. un agriculteur
    c. une vache
    d. un agneau

29. LE FRUIT est à la BANANE ce qu'un MAMMIFÈRE est à

    a. un lapin
    b. un serpent
    c. un poisson
    d. un moineau

30. LÉTHARGIE est au SOMMEIL ce qu'un MARÉCAGE est à

    a. un rêve
    b. une incursion
    c. un marais
    d. une nuit

Partie II Aptitudes spatiales (AS)

1. Une fois replié le long des lignes pointillées, quelle figure obtiendrez-vous?

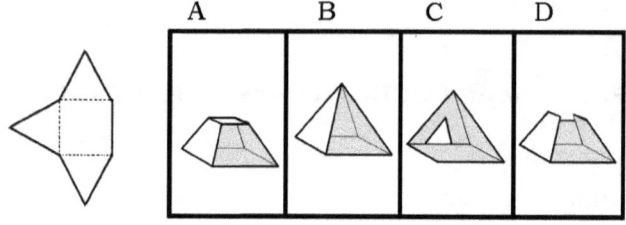

2. Une fois replié, quel motif est possible?

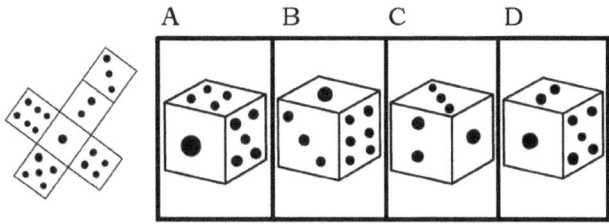

3. Une fois replié en boucle, à quoi ressemblera la bande de papier?

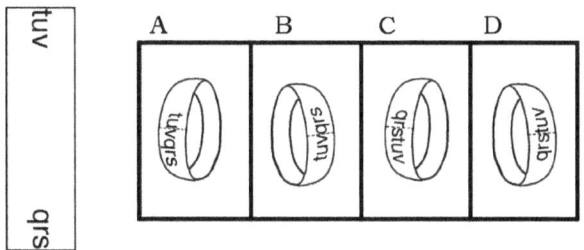

4. Parmi les choix suivants, quel est le même motif vu sous un angle différent?

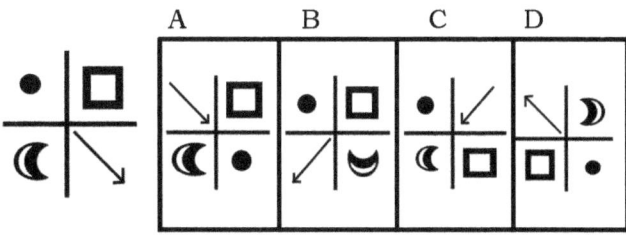

5. Une fois mis ensemble, quelle figure tridimensionnelle obtiendrez-vous?

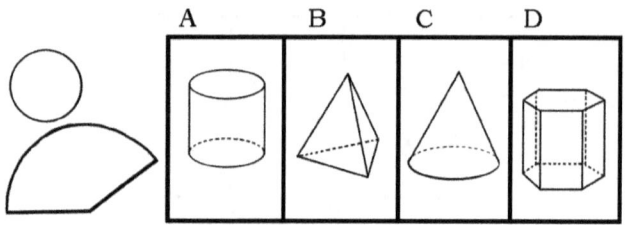

6. Une fois replié, quel motif est possible?

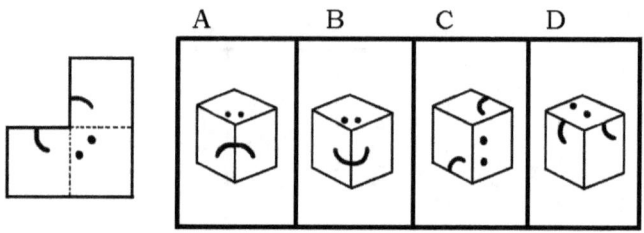

7. Une fois replié, quel motif est possible?

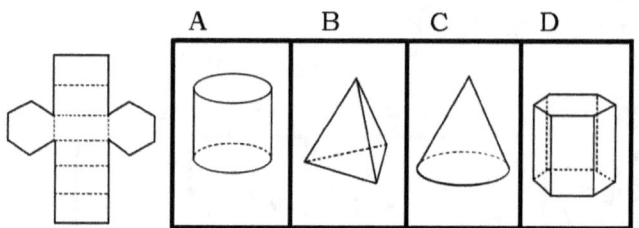

8. Parmi les choix suivants, quel est le même motif vu sous un angle différent?

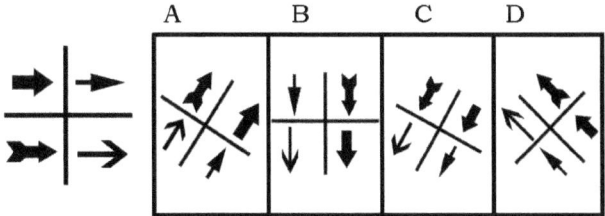

9. Une fois mis ensemble, quelle figure tridimensionnelle obtiendrez-vous?

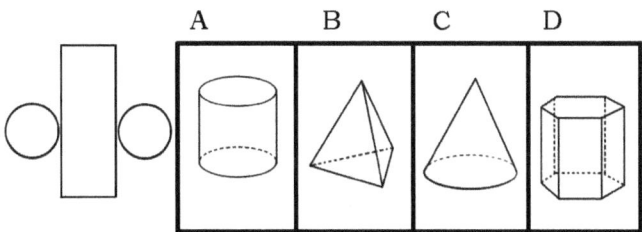

10. Une fois replié en boucle, à quoi ressemblera la bande de papier?

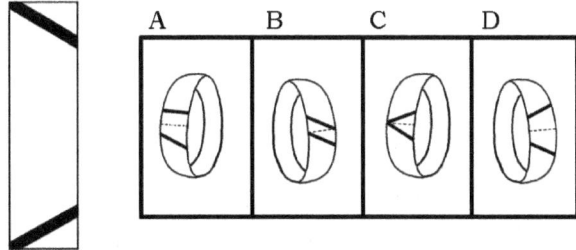

11. Parmi les choix suivants, quel est le même motif vu sous un angle différent?

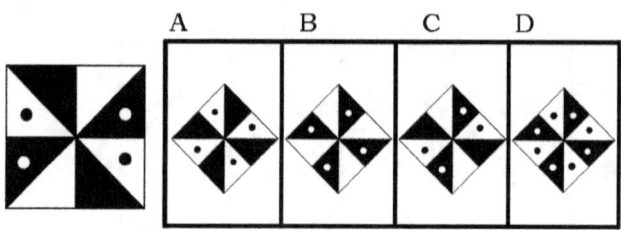

12. Une fois mis ensemble, quelle figure tridimensionnelle obtiendrez-vous?

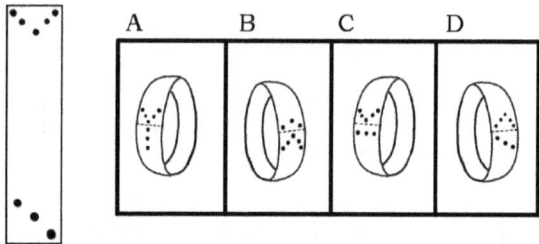

13. Une fois replié en boucle, à quoi ressemblera la bande de papier?

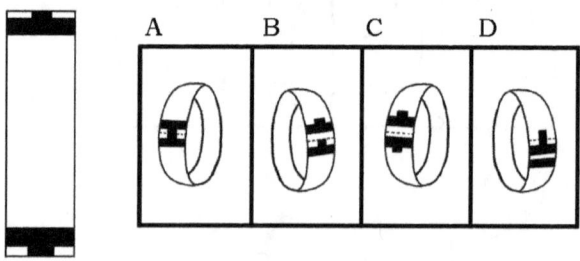

14. Parmi les choix suivants, quel est le même motif vu sous un angle différent?

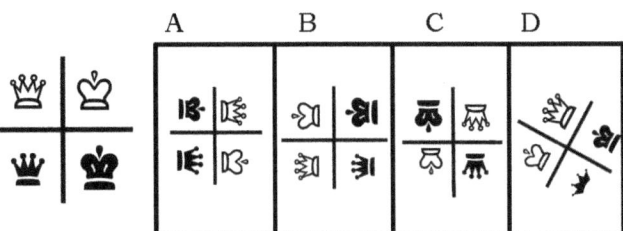

15. Une fois replié en boucle, à quoi ressemblera la bande de papier?

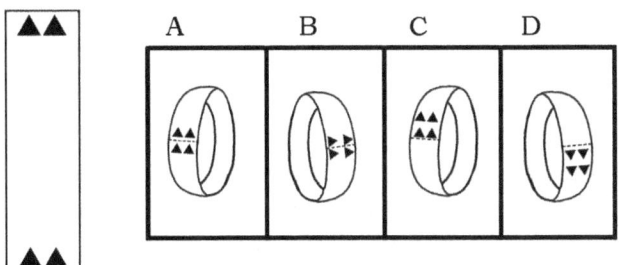

Section III – Résolution de problèmes

1. Quel est le volume d'une boîte de 15 cm de long, 20 cm de large et 10 cm de haut?

    a. 45 cm³
    b. 3 000 cm³
    c. 1 500 cm³
    d. 300 cm³

2. Sarah pèse 25 livres de plus qu'Antoine. S'ils pèsent 205 livres à eux deux, quel est le poids approximatif de Sarah en kilogrammes? 1 lb = 0,4535 kg.

    a. 52
    b. 50
    c. 48
    d. 41

3. Dans une classe de 83 étudiants, 72 sont présents. Quel pourcentage des étudiants sont absents? Donnez votre réponse à 2 chiffres significatifs près.

    a. 12
    b. 13
    c. 14
    d. 15

4. Un magasin vend des systèmes de son à 545 $. Si la taxe sur la valeur ajoutée compte pour 15 % de ce prix, quel était le prix d'un système de son avant taxe?

    a. 490.40 $
    b. 473.90 $
    c. 575.00 $
    d. 593.15 $

5. M. Lachance est propriétaire d'une usine. Le total de ses actifs vaut 256 800 $, y compris un bâtiment d'une valeur de 80 500 $, de la machinerie d'une valeur de 125 000 $ et 51 300 $ de liquidités. Après un an, quelle sera la valeur totale de ses actifs s'il dispose de 75 600 $ en liquidités, que la valeur de son bâtiment augmente de 10 % par année et que sa machinerie a perdu 20 % de sa valeur?

   a. 243,450 $
   b. 252,450 $
   c. 264,150 $
   d. 272,350 $

6. Martin gagne un salaire de 25 000 $ et il paye 500 $ de loyer et 860 $ d'assurance santé. Il dépense 40 % de son revenu total en nourriture et en vêtements et 10 % pour l'éducation de ses enfants, en plus de payer 800 $ de services. Quel pourcentage de son revenu met-il de côté?

   a. 44 %
   b. 47 %
   c. 50 %
   d. 54 %

7. Le prix de 1 050 $ doit être partagé entre les trois gagnants d'un concours selon une proportion de 7:5:3 pour le premier, le deuxième et le troisième prix. Quel sera l'écart entre le prix reçu par le gagnant et le prix reçu par celui qui arrivera en troisième place?

   a. 210 $
   b. 280 $
   c. 350 $
   d. 490 $

8. Le gérant d'une usine de fabrication de tissu estime que si 10 machines fonctionnent à pleine efficacité pendant 8 heures, elles produisent 1450 mètres de tissu. En raison de problèmes techniques, 4 des machines fonctionnent à 95 % d'efficacité, et les 6 autres, à 90 % d'efficacité. Combien de mètres de tissu seront produits par ces machines en 8 heures?

    a. 1 479 mètres
    b. 1 310 mètres
    c. 1 334 mètres
    d. 1 285 mètres

9.

⬠ is to ⬠

△ is to ?

a. ▽ b. ◁

c. ▷ d. ⌭

10.

△ is to ▷

⌭ is to ?

a. ▷ b. ☐

c. ⬠ d. ⌭

11.

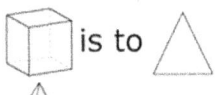 is to △

△ is to ?

a. △ b. ▢

c. ⬠ d. ▯

12.

▢ is to ▭

△ is to ?

a. △ b. △

c. ⬠ d. ▯

13.

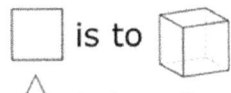 is to ▦

▦ is to ?

a. ▦ b. ▦

c. ▦ d. ▦

14.

▯ is to ▭

△ is to ?

a. ▷   b. ⌷

c. ▷   d. ▢

15.

▫ is to ⊓

⬠ is to ?

a. ⌒   b. ⌒\

c. ⌢   d. ⊔

16.

◯ is to ()

▫ is to ?

a. ▫   b. ▯

c. ▭   d. ▫

17. Quels sont les deux termes manquants dans la suite suivante?..., ..., 20, 32, 44, 56, 68.

a. –4, 8
b. 0, 12
c. –6, 8
d. 2, 8

18. Quels devraient être les deux prochains nombres dans la suite suivante? 3, 5, 10, 12, 24, ...

a. 48, 58
b. 26, 28
c. 48, 50
d. 26, 52

19. Quels devraient être les deux prochains nombres dans la suite suivante? 1000, 992, 984, 976, ...

a. 968, 961
b. 967, 960
c. 968, 960
d. 970, 964

20. Quels devraient être les deux prochains nombres dans la suite suivante? 0,1, 0,3, 0,9, 2,7, ...

a. –8,1, –24,3
b. 8,1, 24,3
c. 5,4, 10,8
d. -5,4, –10,8

21. Quels devraient être les 3 prochains nombres dans la suite suivante? 32, 16, 8, 4, ...

    a. 2, 1, 0,5
    b. 2, 0, −2
    0, −4, −8
    2, 1, 0

22. Quel est le nombre manquant dans la suite suivante? 3, ..., 9, 12, 15.

    a. 4
    b. 7
    c. 6
    d. 5

23. Quel sera le prochain nombre dans la suite suivante? 1 132, 1 121, ?, 1 199, ...

    a. 1 109
    b. 1 188
    c. 1 189
    d. 1 180

24. Quel est le nombre manquant dans la suite suivante? 95, 90, ..., 80, 75.

    a. 87
    b. 85
    c. 86
    d. 80

25. Quels sont les deux nombres manquants dans la suite suivante? ..., 75, 65, 60, 50, 45, 35, ...

    a. 70, 35
    b. 65, 35
    c. 70, 30
    d. 65, 30

26. Quels sont les deux nombres manquants dans la suite suivante? 91, 85, ..., ..., 67, 61.

    a. 81, 71
    b. 78, 72
    c. 80, 70
    d. 79, 73

27. Quels sont les deux premiers nombres de la suite suivante? ..., ..., 120, 129, 138, 147.

    a. 102, 111
    b. 100, 110
    c. 102, 112
    d. 99, 111

28. Quels sont les deux nombres manquants dans la suite suivante?..., 95, 88, 93, 86, 91, ...

    a. 88, 98
    b. 90, 98
    c. 100, 84
    d. 90, 84

29. Quels sont les deux nombres manquants dans la suite suivante? 76, 64, 54, 46, ..., 36, 34, 0.

    a. 40, 32
    b. 40, 34
    c. 42, 30
    d. 42, 32

30. Quels sont les deux nombres manquants dans la suite suivante? 3, 0, 12, ..., 48, 96.

    a. 6, 36
    b. 6, 18
    c. 8, 16
    d. 6, 24

Feuille de Réponses

Partie 1 – Compétences Verbales

1. A
Jargon est synonyme d'argot.

2. A
Rendre est synonyme de donner.

3. B
Intrusif est synonyme d'envahissant.

4. A
Renommé est synonyme de populaire.

5. C
Incohérent est synonyme de confus.

6. A
Sympathique est synonyme d'agréable.

7. A
Réprimander est synonyme de critiquer.

8. B
Assouvir est synonyme de satisfaire.

9. A
Abondant est le contraire de rare.

10. C
Dur est le contraire de faible.

11. A
Simple est le contraire de complexe.

12. B
Afficher est le contraire de camoufler.

13. D
Avare est le contraire de généreux.

14. B
Avancer est le contraire de battre en retraite.

15. D
Cesser est le contraire de commencer.

16. C
Immense est le contraire de minuscule.

17. C
Redondant : répétitif ou inutilement verbeux.

18. C
Se disputer : se quereller sans relâche et de manière insultante.

19. C
Sombre : morose et lugubre.

20. A
Anti-conformiste : qui fait preuve d'indépendance dans ses réflexions ou ses actions, rebelle.

21. D
Ténu : mince sur le plan du fond ou de la consistance, faible.

22. A
Pandémonium : Chaos; violence tumultueuse ou illégitime.

23. A
Perpétuel : sans interruption.

24. C
Il s'agit d'une relation de processus. Le premier mot est le processus qui crée le deuxième. Par exemple, la glace fond en liquide de la même façon que l'eau se congèle en solide.

25. D
Il s'agit d'une relation de mesure. L'horloge mesure le temps de la même façon qu'un thermomètre mesure la température.

26. C
Une voiture est garée dans un garage tout comme un

avion est garé dans un hangar.

27. D
Il s'agit d'une relation de lieu. On joue dans un théâtre tout comme on joue dans un casino.

28. C
Le porc est la viande d'un cochon tout comme le bœuf est la viande d'une vache.

29. A
Il s'agit d'une relation de classification. La première est la catégorie à laquelle appartient la deuxième.

Fruit -> banane
Mammifère -> lapin

30. C
Torpeur est synonyme de sommeil et marécage est synonyme de marais.

Aptitudes Spatiales

1. B
2. A
3. D
4. D
5. C
6. B
7. D
8. C
9. A
10. C
11. C
12. D
13. A
14. B
15. A

Résolution de Problèmes

1. B
La formule du volume est
L x l x h = 15 x 20 x 10 = 3 000 cm³.

2. A
Si le poids de Sarah est x et que nous savons qu'elle pèse 25 livres de plus qu'Antoine, le poids d'Antoine est x − 25. Mis ensemble, ils pèsent 205 livres, ce qui signifie que la somme des deux inconnues donnera 205 :

Sarah : x

Antoine : x − 25
x + (x − 25) = 205
En réarrangeant l'équation, on obtient :
x + x − 25 = 205

2x − 25 = 205

On ajoute 25 de chaque côté de l'équation pour isoler les x :

2x − 25 + 25 = 205 + 25
2x = 230
x = 230/2

x = 115 livres

Sarah pèse 115 livres. Comme 1 livre vaut 0,4535 kilogrammes, il faut multiplier 115 par 0,4535 pour trouver son poids en kilos :

x = 115 • 0,4535 = 52,1525 kg = 52 une fois arrondi à l'unité près.

3. B
Nombre d'étudiants absents = 83 − 72 = 11.

Le pourcentage d'absents est le rapport entre le nombre d'étudiants absents et le nombre total d'étudiants dans la classe : 11•100/83 = 13,25.

Il ne reste qu'à arrondir 13,25 à l'entier le plus près : 13 %.

4. B
Coût réel = x, donc 545 = x + 0,15x. 545 = 1x + 0,15x
545 = 1,15x
x = 545/1,15 = 473,9 $

5. C
Liquidités = 75 600 $.
Bâtiment après un an = 80 500 x 1,1 = 88 550 $.
Machinerie après un an = 125 000 x 0,8 = 100 000 $. Valeur totale des actifs = 264 150 $.

6. B
25 000 − (500 + 860) = 23 640.
Dépenses de nourriture et de
vêtements = 0,4 x 23 640 = 9 456
Scolarité = 23 640 x 0,1 = 2 364
Services = 800
Total des dépenses = 9 456 + 2 364 + 800 = 12 620.
Montant mis de côté 23 640 − 12 620 = 11 020
11 020/23 640 = x/100
x = 1 102 000/23 640 = 46,6 %, arrondi à 47 %.

7. B
Le grand gagnant recevra 7 x 1 050/15 = 490 $.
Le concurrent qui arrivera en troisième place gagnera
3 x 1 050/15 = 210 $.
La différence est de 490 − 210 = 280 $.

8. D
À 100 % d'efficacité, 1 machine produit
1 450/10 = 145 m de tissu.

À 95 % d'efficacité, 4 machines produisent
4•145•95/100 = 551 m de tissu.

À 90 % d'efficacité, 6 machines produisent
6•145•90/100 = 783 m de tissu.

Quantité totale de tissu produit par les
10 machines = 551 + 783 = 1 334 m.

Comme les renseignements fournis utilisent une période de 8 heures et que c'est aussi le cas de la question, il n'est pas nécessaire de tenir compte du temps pour trouver la réponse.

9. A
La solution est la même figure à l'envers.

10. D
La figure subit une rotation de 90 ° en sens horaire.

11. B
On passe d'une figure à 3 dimensions à une figure à 2 dimensions.

12. B
On passe d'une figure à 2 dimensions à une figure à 3 dimensions.

13. C
La deuxième figure a un tiers de points en moins que la première.

14. C
On passe d'une figure à 3 dimensions à la figure à 2 dimensions correspondantes, couchée sur le côté

15. B
La deuxième figure est la première figure à laquelle on a enlevé la moitié inférieure.

16. B
On passe de la première figure à une version de la même figure contractée sur le plan horizontal.

17. A
La suite progresse de 12 entre chaque terme. Il suffit de soustraire par 12 pour retrouver les termes antérieurs.

18. D
La suite progresse avec une alternance d'additions de 2 et de multiplications par 2. Les deux prochains termes seront 24 + 2 = 26 et 26 x 2 = 52.

19. C
Il faut soustraire huit à chaque terme pour trouver le suivant.

20. A
Chaque terme correspond au terme précédent multiplié par 3. 2,7 x 3 = 8,1 et 8,1 x 3 = 24,3.

21. A
Chaque terme correspond au terme précédent divisé par 2.

22. C
Chaque terme correspond au terme précédent plus 3.

23. B
Chaque terme correspond au terme précédent moins 11.

24. B
Chaque terme correspond au terme précédent moins 5.

25. C
La suite progresse avec une alternance de soustractions de 5 et de 10. Le premier terme est 75 – 5 = 70 et le dernier terme est 35 – 10 = 30.

26. D
Chaque terme correspond au précédent moins 6.

27. A
Chaque terme correspond au précédent plus 9.

28. D
La suite progresse avec une alternance d'additions de 5 et de soustractions de 7. Le premier terme correspond donc au deuxième moins 5 (95 – 5 = 90) et le dernier terme = 91 – 7 = 84.

29. B
La différence entre chaque paire de terme commence à 12 et diminue de 2 à chaque terme (12, 10, 8, 6, 4, 2). Les termes manquants sont 46 – 6 = 40 et 34 – 0 = 34.

30. D
Chaque terme correspond au précédent multiplié par 2. 3 x 2 = 6 et 12 x 2 = 24.

Conclusion

FÉLICITATIONS! Vous êtes parvenu à ce stade car vous avez fait preuve de diligence en vous préparant à l'examen et vous avez considérablement amélioré votre note possible! L'admission dans une bonne école est un pas de géant dans un périple qui peut être parfois redoutable mais qui est souvent enrichissant et satisfaisant. C'est pourquoi le fait d'être bien préparé revêt autant d'importance.

Il faut étudier avant de s'exercer et puis réussir!

Bonne chance!

www.ingramcontent.com/pod-product-compliance
Lightning Source LLC
LaVergne TN
LVHW010302260326
834688LV00044B/1422